교과연계	
바른 생활 1학년 1학기	3. 가족은 소중해요
슬기로운 생활 1학년 1학기	4. 건강하게 생활해요
바른 생활 2학년 1학기	2. 계획대로 실천하는 생활

건강한 게
최고야!

글 양태석

서울예술대학 문예창작과를 졸업하고 1991년 월간 〈문학정신〉에 단편소설이 당선되어 문단에 나왔습니다. 쓴 책으로는 소설집 《다락방》과 동화집 《아빠의 수첩》《사랑의 힘 운동본부》《책으로 집을 지은 악어》《내 맘대로 할 거야》 등이 있고 어린이 교양서로는 《나무야 나무야 이야기를 들려다오》《나의 꿈 하늘까지》 등 20여 권이 있습니다.

그림 박로사

대학에서 일러스트레이션을 전공했습니다. 파파할머니가 될 때까지 누군가에게 위로가 되고 따뜻한 향기를 전할 수 있는 그림을 그릴 생각입니다. 지금까지 그린 책으로는 《꽃떡을 만드는 집》《삼촌은 괴짜 과학자》《행복한 꼬마비행기》 등이 있습니다.

행복한 1학년을 위한 학교생활동화 10
건강한 게 최고야!

1판 1쇄 인쇄 | 2011. 4. 10.
1판 2쇄 발행 | 2012. 1. 26.

양태석 글 | 박로사 그림 | 황인진 도움말

발행처 김영사 | **발행인** 박은주 | **편집인** 박숙정
편집 전지운 고영완 문자영 김진희 김지아 김인혜 박은희 김효성 김보민
전략기획실 이소영 이은경 김은중
디자인 김순수 전성연 이설아 고윤이 | **디자인 진행** 태은
마케팅 이희영 이재균 박진옥 정민영 양봉호 강점원 정소담 김대현
해외저작권 박선하 황인빈 | **제작** 안해룡 박상현 김일환
등록번호 제 406-2003-036호 | **등록일자** 1979. 5. 17.
주소 경기도 파주시 문발동 파주출판단지 515-1(우413-756)
전화 마케팅부 031-955-3102 편집부 031-955-3113~20
팩스 031-955-3111

값은 표지에 있습니다.

ISBN 978-89-349-4711-0 74850
ISBN 978-89-349-3729-6 (세트)

좋은 독자가 좋은 책을 만듭니다. 김영사는 독자 여러분의 의견에 항상 귀 기울이고 있습니다.
독자의견 전화 031-955-3139 | 전자우편 book@gimmyoung.com | 홈페이지 www.gimmyoungjr.com
어린이들의 책놀이터 cafe.naver.com/gimmyoungjr

건강한 게 최고야!

양태석 글 • 박로사 그림
황인진(성남 수진초등학교 교사) 도움말

주니어김영사

병만이는 약간, 아주 약간 뚱뚱해요. 하지만 뭐, 크게
불편한 건 없어요.
팔걸이의자에 앉으면 엉덩이가 잘 들어가지 않을 뿐이에요.
재수 좋게 들어갔다 해도 잘 빠지지가 않아요.
그러면 엄마는 고개를 설레설레 저어요.
"완전히 꽉 꼈네."
하지만 엄마가 뒤에서 잡아당겨 주면 결국 쑥 빠져요.
그러니까 큰 걱정은 없어요.
또 한 가지 불편한 것은 욕조에 들어가기가 조금 힘들다는
거예요. 병만이가 욕조에 들어가면 뿌두둑 소리가 나요.
욕조가 좀 약한가 봐요. 크기도 작아서 앉아 있으면
움직일 수가 없어요.
"또 꼈네."
욕조에 앉아 있는 병만이를 보고 엄마가 또 고개를
설레설레 저었어요.

병만이에 대해 조금 솔직히 말해도 되겠죠?
사실은 팔걸이의자와 욕조뿐이 아니에요. 지난 번에는 침대 다리 한쪽이 기우뚱 무너졌고, 얼마 전에는 거실의 소파가 푹 내려앉았어요.
엊그제는 아빠가 아끼는 피크닉의자에 앉아 텔레비전을 보고 있었는데 이게 웬일인가요! 알루미늄 파이프와 천으로 만든 그 예쁜 의자가 그만 폭삭 내려앉았어요.

"어이쿠!"

병만이는 거실 바닥에 나동그라졌어요.

다행히 다치지는 않았지요.

아빠가 한숨을 푹 내쉬며 이렇게 말했어요.

"네 엉덩이가 지금 방금 10만원을 꿀꺽 했다.
그 의자 10만원 주고 샀단 말이야."

병만이는 할 말이 없어서 주저앉은 채 히
웃었어요. 그러자 아빠도 어이가 없는지
허허허 웃다가 울상을 지었어요.

병만이는 거울 속의 자신을
들여다보았어요. 둥글둥글하고
풍선 같은 아이가 병만이를
마주보고 있었어요.

"이 정도면 건강하고 멋진 편이지 뭐."

병만이는 자기 얼굴을 좋아해요. 눈을 찡긋하면 매력적이에요. 유치원 때 친구 소연이도 병만이의 얼굴이 좋다고 했어요. 둥그런 호빵처럼 생겨서 배고플 때 쳐다보면 먹음직스럽다고 했거든요.

유치원 선생님도 듬직해서 좋다고 말했어요. 태풍이 불어 모든 게 다 날아가도 병만이는 안 날아갈 거래요.

이거 칭찬 맞지요?

그런데 초등학교 1학년에 입학하고 나서는 조금 상황이 달라졌어요. 학교 친구들은 병만이만 보면 이렇게 말해요.

"뭘 먹으면 그렇게 대책 없이 뚱뚱해지는 거니?"

"어린이 비만 대회에 나가면 무조건 일등이다!"

이거 놀리는 거 맞지요?

병만이는 곰곰이 생각해 보았어요.

"왜 이렇게 뚱뚱해진 걸까?"

이유를 알 수 없었어요.

"남보다 많이 먹는 걸까?"

그런 것 같지는 않았어요.

"엄마 아빠를 닮은 걸까?"

아니에요. 엄마 아빠는 두 분 다 날씬해요.

아무리 생각해도 뚱뚱해진 이유를 알 수가 없었어요.

그때 앵무새 피피가 말했어요.

"답답한 병만아! 뚱보 병만아! 그만 좀 먹어! 그만 좀 먹어!"

병만이는 피피를 째려보았어요. 피피의 말은 들을 필요도 없어요. 피피는 늘 병만이만 보면 그만 먹으라고 해요. 사람이 애완용 앵무새 따위의 말을 들을 필요가 있을까요?

'비만 대회에 나가면 무조건 일등이다!'

서희가 한 말이에요. 서희는 1학년 3반에서

가장 예쁜 여자아이에요.

'서희가 나한테 그렇게 심한 말을 하다니!'

병만이는 정말 큰 충격을 받았어요.

"왜 내가 뚱뚱해진 거지? 정말 내가 남보다

많이 먹는 걸까?"

병만이는 자기가 하루에 얼마나 먹는지 하나하나 따져보기로 했어요.

그때 피피가 말했어요.

"네가 하루에 얼마나 먹는지는 이미 내가 조사해 놨어.

그러니 이걸 봐."

피피가 커다란 도화지를 쫙 펼쳤어요.

오병만의 하루 일과

아침에 깨면 병만이는 이 닦고, 세수하고, 책가방을 챙긴다.
여기까지는 다른 친구들과 다를 바가 없다.
병만이는 식탁에 앉아 아침을 먹는다.

병만이의 아침 메뉴

밥 세 그릇   샌드위치 열 개
햄버거 일곱 개   모닝빵 열세 개
콜라 다섯 잔

우걱우걱, 벌컥벌컥
산더미처럼 쌓인 음식이 순식간에
사라진다.

병만이는 점심시간에도 많이 먹는다.
아직 1학년이라 급식을 하지 않지만, 병만이는 너무 배가 고파
견딜 수가 없기 때문에 집에서 도시락을 싸간다. 도시락이
마치 탑처럼 생겼다. 무려 7단 찬합이다.

병만이의 점심 메뉴

1단에는 김밥

2단에는 고기, 김치, 나물 등 반찬

3단에는 빈대떡과 꿀떡

4단에는 찐빵과 만두

5단에는 인스턴트 피자

6단에는 프라이드 치킨

7단에는 캔 콜라 다섯 개

우걱우걱, 쩝쩝쩝
병만이가 점심을 먹으면 친구들이 눈을 동그랗게 뜨고
쳐다본다.

저녁도 제법 많이 먹는다.

병만이의 저녁 메뉴

스파게티 네 접시

피자 일곱 판

치킨 열두 조각

라면 세 그릇

콜라 여섯 잔

트림 한 번 한 후에 후식으로

비스킷 다섯 봉지

쿠키 세 봉지

호떡 열 개

입이 뻑뻑하니까 다시

1.8리터 콜라 한 병

여기서 끝이 아니다.

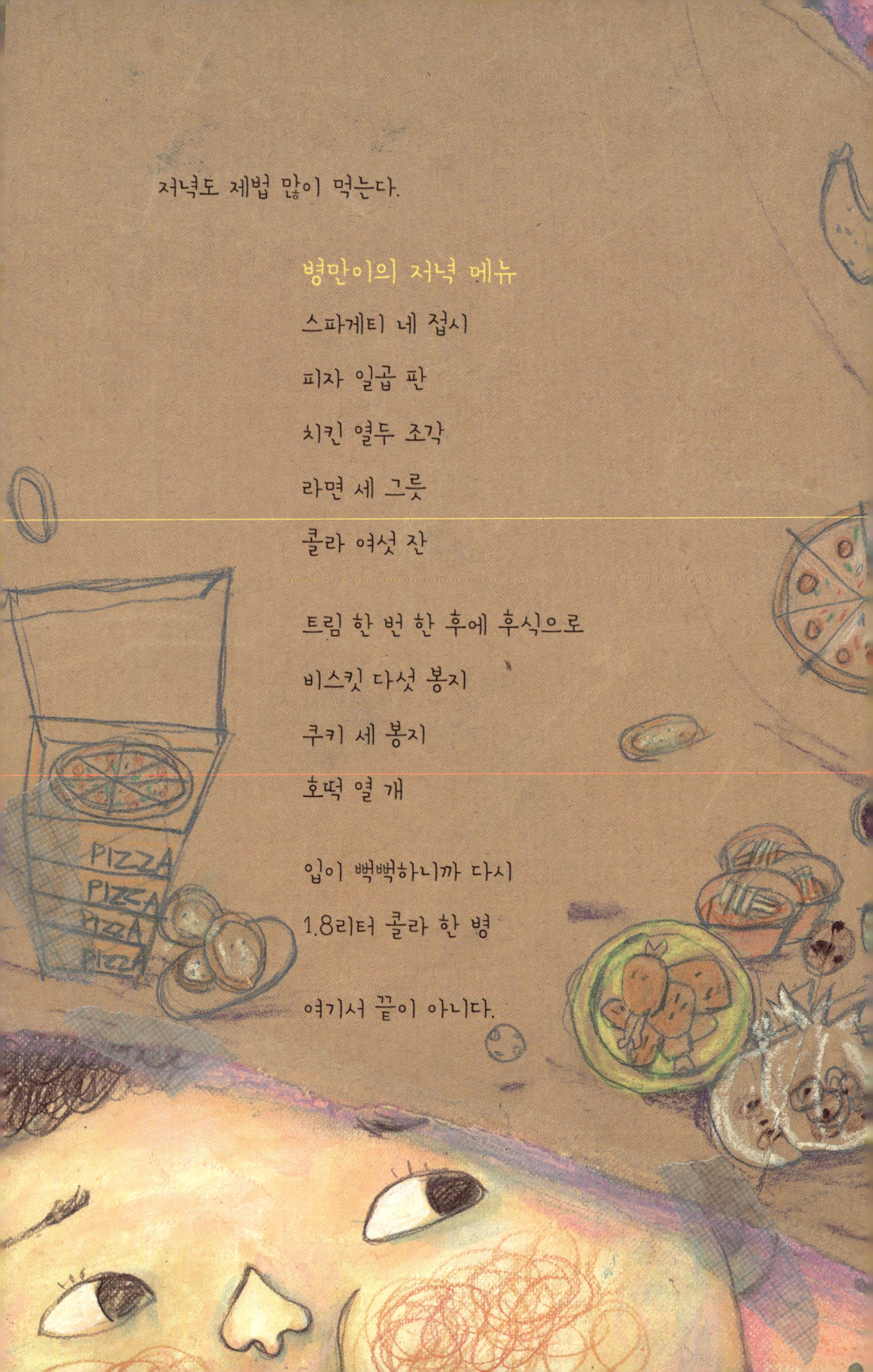

잠자기 전 가볍게 간식을 먹어주는 센스.

병만이의 간식
햄버거 다섯 개

샌드위치 다섯 개

감자튀김 세 접시

캔 사이다 네 개

끄윽, 다시 한 번 트림 하고 침대로 간다.

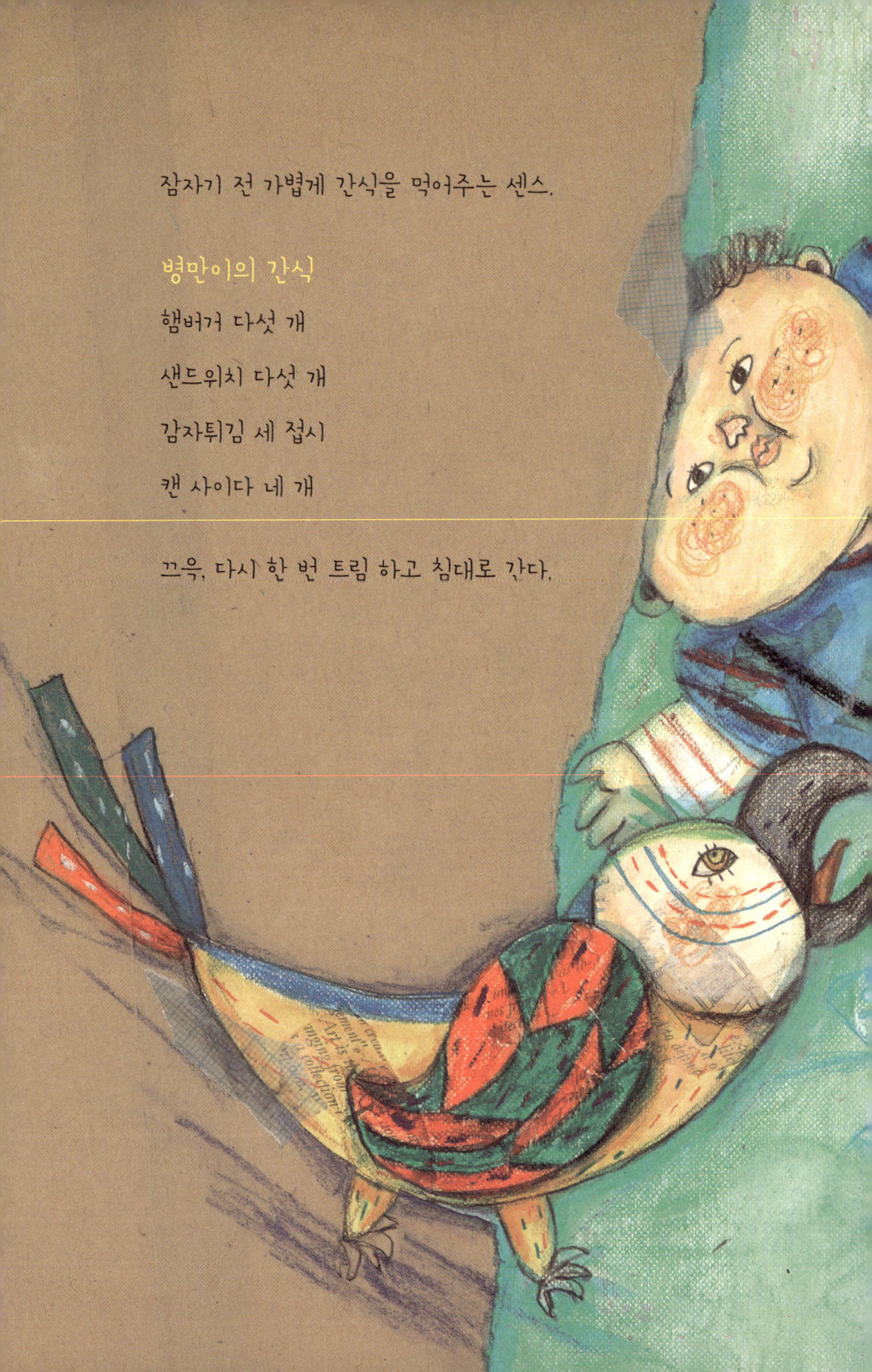

피피가 말했어요.

"어때? 좀 느끼는 거 없어?"

병만이는 어깨를 으쓱했어요.

"뭘? 이 정도면 모범적인 하루 아냐? 난 편식도 안 해. 뭐든지 잘 먹어. 그리고 성격도 좋아서 친구들과 친해. 내가 우리 반 오락부장인 거 몰라?"

피피는 어이가 없는지 포로롱 날아와 컴퓨터 모니터 위에 앉았어요.

"네가 노래도 잘 하고, 춤도 잘 춰서 너희 반에서 인기 짱이란 건 나도 알아. 난 그걸 말하는 게 아냐. 넌 너무 많이 먹는다고. 돼지도 너보다는 적게 먹을걸?"

"우씨!"

병만이는 화가 나서 피피를 향해 휙 주먹을 날렸어요. 그러자 피피가 잽싸게 날아올라 주먹을 피했지요. 그러고는 이렇게 놀렸어요.

"뚱만이는 먹보! 뚱만이는 돼지! 뚱만이는 뚱보!"

그날 밤, 병만이는 속이 상해 잠도 오지 않았어요.

아이들이 가끔씩 뚱뚱하다고 놀리기는 하지만 병만이는 정말 1학년 3반에서 인기 짱이에요.

"병만이가 없으면 우리 반은 되게 재미없을 거야."

"병만이는 정말 웃겨."

친구들은 언제나 이렇게 말해요. 병만이가 개그맨 흉내를 내면 아이들은 까르르 웃어요. 노래를 부르며 춤을 추면 책상을 두드리며 환호성을 질러요.

'그런데 겨우 애완용 앵무새한테 놀림을 받다니, 칫.'

병만이는 침대에 누운 채 피피를 노려보았어요. 피피는 횃대에 앉아 꾸벅꾸벅 졸고 있었어요.

"저걸 콱 구워 먹을까?"

병만이는 앵무새구이가 되어 접시 위에 누워 있는 피피를 상상해 보았어요. 그렇게 생각하니까 조금 미안한 마음이 들었어요. 피피도 엄연히 병만이네 가족이니까요.

다음날 아침. 병만이는 늦잠을 자고 말았어요.
"으악, 큰일이다!"
병만이는 이도 닦는 둥 마는 둥, 세수도 하는 둥 마는 둥
얼른 책가방을 쌌어요.
"엄마! 먹을 거 챙겨줘요!"

병만이는 도시락과 아침 식사를 들고 후닥닥 뛰쳐나갔어요.
걸으면서, 뛰면서 병만이는 아침을 먹었어요. 햄버거와
샌드위치를 우걱우걱, 콜라를 벌컥벌컥 마셨어요.
그러고는 얼른 자전거에 올라탔어요.
그런데 이게 웬일인가요! 병만이가 자전거에 올라타자마자
안장이 푹 내려앉으면서 자전거가 와지끈 찌그러졌어요.

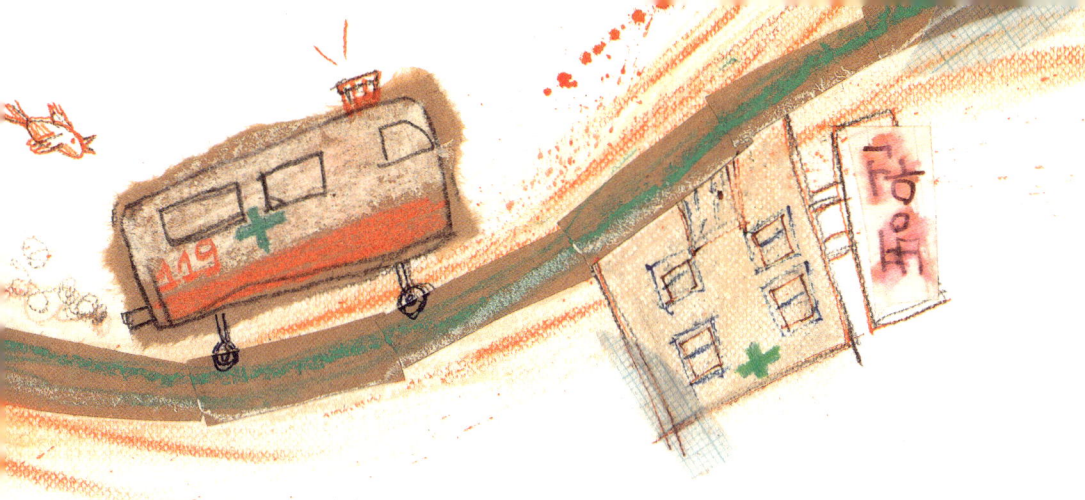

병만이는 자전거를 버리고 학교를 향해 뛰기 시작했어요.

하나, 둘, 셋, 넷 구령까지 붙이며 열심히 뛰었어요.

거의 학교 앞에 도착했을 때였어요. 갑자기 하늘이 노랗게 변하면서 정신이 어질어질했어요.

"어…… 왜 이러지?"

병만이는 비틀비틀 걷다가 그만 그 자리에 풀썩 쓰러지고 말았어요.

그때 누군가 소리쳤어요.

"뚱보 병만이가 쓰러졌다!"

얼마 후, 마치 꿈속에서처럼 삐뽀삐뽀 구급차 소리가 들려왔어요.

눈을 떠 보니 병원이었어요. 엄마 얼굴이 먼저 보였어요.
그 옆에는 의사 선생님이 서 있었어요.
"뭐 특별한 병이 있는 것은 아니니까 걱정 마세요. 문제는 비만이에요."

의사 선생님이 커다란 엑스레이 필름을 보며 말했어요.
"엄청나군. 도대체 뭘 이렇게 많이 먹은 거야?"

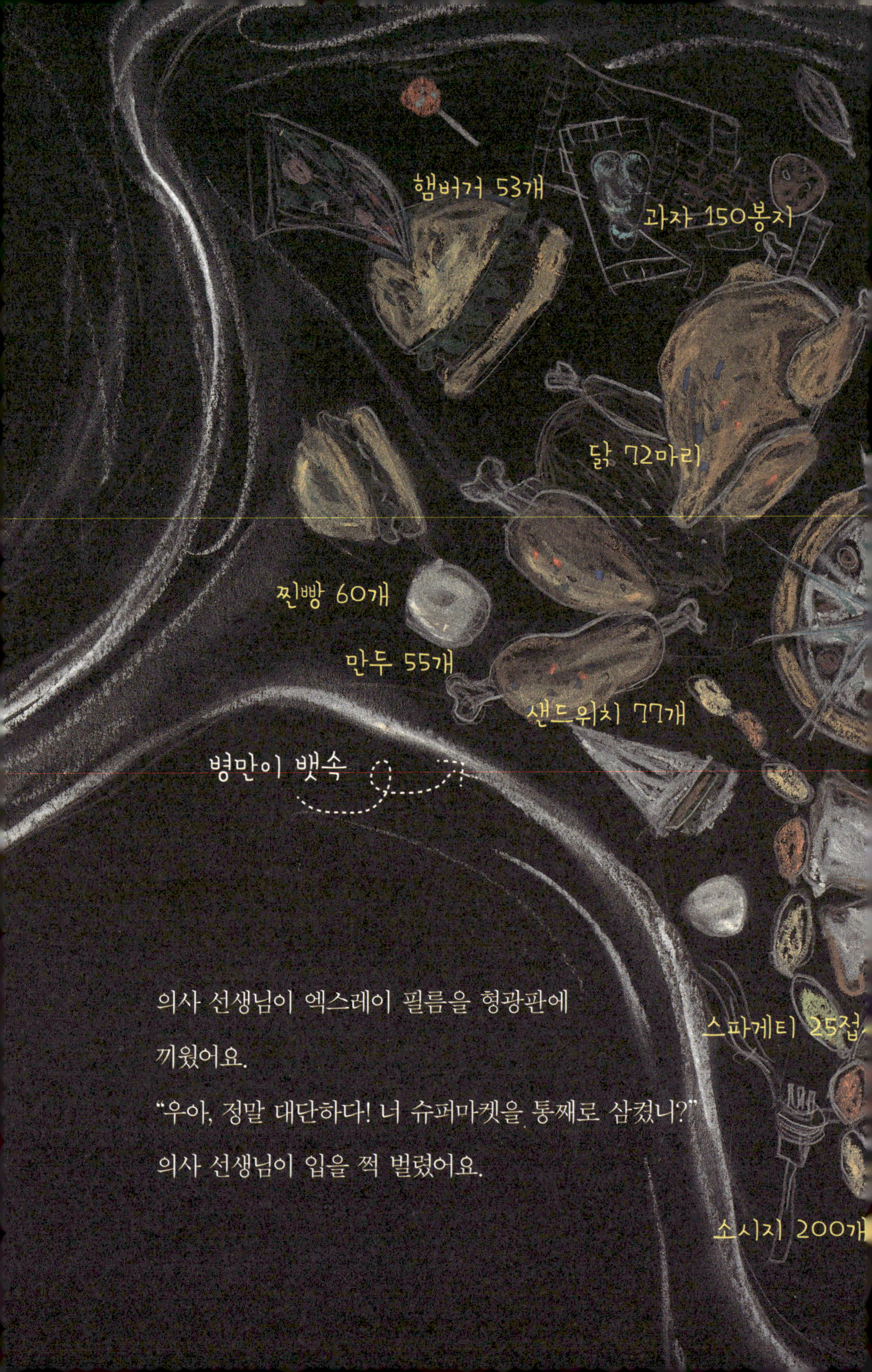

햄버거 53개

과자 150봉지

닭 72마리

찐빵 60개

만두 55개

샌드위치 77개

병만이 뱃속

스파게티 25접시

소시지 200개

의사 선생님이 엑스레이 필름을 형광판에
끼웠어요.
"우아, 정말 대단하다! 너 슈퍼마켓을 통째로 삼켰니?"
의사 선생님이 입을 쩍 벌렸어요.

엄마도 놀라고, 병만이도 놀라고, 의사 선생님도 놀랐어요.
"병만아, 살 안 빼면 큰일 난다. 또 쓰러진다고.
너 운동 전혀 안 하지?"
의사 선생님이 이렇게 묻자 병만이는 가만히 고개를
끄덕였어요.
"아침을 급히 먹고, 뚱뚱한 몸으로 갑자기 뛰었으니
쓰러질 수밖에 없지."
의사 선생님이 혀를 쯧쯧 차며 특별한 처방전을 썼어요.
거기에는 이렇게 쓰여 있었어요.

집으로 돌아온 병만이는 처방전을 벽에다 붙여 놓았어요.
"좋아! 결심했어! 나도 살 빼고 앞으로 멋진 병만이가 될 거야!"

병만이는 며칠 동안 음식을 아주 조금만 먹었어요. 맛 없는 시금치, 콩나물, 두부, 된장국 같은 엄마표 음식만 먹었어요. 심지어는 버섯과 당근, 피망, 멸치까지 먹었어요.
정말 맛이 없었어요. 시금치와 당근과 피망을 먹을 때는 정말이지 끔찍했어요.
"아, 햄버거, 피자, 치킨이 먹고 싶다!"
머리 위에서 햄버거와 피자와 치킨이 빙빙 맴을 돌았어요.

"도저히 안 되겠어!"
병만이는 더 이상 참을 수가 없었어요. 달리기를 하다
쓰러지는 한이 있더라도 햄버거와 피자와 치킨을
먹고 싶었어요.
병만이는 모아둔 용돈을 몽땅 털어 햄버거와 피자와
치킨을 주문했어요. 많이 주문해 보아서 전화번호도
다 외우고 있거든요.
이런 말도 잊지 않았어요.
"엄마 몰래 창문으로 갖다 주세요."

방 한가운데 햄버거와 피자와 치킨을 쌓아놓고
병만이는 드디어 먹기 시작했어요.
앵무새 피피가 혀를 차며 말했어요.
"하여간 못 말려! 그만 좀 먹어! 그만 좀 먹어!"
"저리 비켜, 피피!"
병만이는 피피가 뭐라고 하든
말든 우걱우걱 음식을
다 먹었어요.

병만이는 햄버거와 피자와
치킨을 다 먹고도 부족해
냉장고 문을 열었어요.
냉장고 안에 든 소시지와 햄, 만두,
비스킷, 콜라 등등 자기가 좋아하는
것은 다 꺼내 먹었어요.
냉장고가 텅텅 빌 정도로 먹었지요.
아마 먹을 것이 없었다면 냉장고까지
뜯어먹었을 거예요.
"끄윽, 배부르다!"
병만이는 배를 쑥 내밀고 엉덩이를
출렁출렁 흔들며 방으로 갔어요.
그러다가 체중계가 보이자 슬쩍
올라가 봤어요.

"오잉! 83킬로그램!"
아무리 살이 쪄도
80킬로그램은 넘은 적이 없는데, 드디어
신기록이 나온 거예요.
"기뻐해야 하나? 슬퍼해야 하나?"
병만이는 체중계의 눈금이 파르르 떨리는
것을 보며 몸을 부르르
떨었어요. 그러자 뱃살과
엉덩이 살도 푸르르
떨렸어요.

다음날 아침,
조회 시간에
선생님이 말했어요.
"다음달에 놀이공원으로
소풍 가기로 했다."
아이들이 환호성을 질렀어요.
병만이도 기뻐서 야호, 소리를 질렀어요.
그때 한 친구가 말했어요.
"난 병만이랑 청룡열차 안 타. 병만이 무게를 못 이겨서
열차가 추락할지도 몰라."
다른 친구도 말했어요.
"나도 병만이랑 회전목마 안 타. 회전목마가 돌아가다가
부서질지도 몰라."
병만이는 화가 나서 버럭 소리쳤어요.
**"흥, 걱정 마라! 난 소풍 안 간다! 놀이동산 안
간다고!"**
집으로 돌아온 병만이는 방에 들어가 엉엉 울었어요.
"나쁜 친구들! 나도 놀이동산 가고 싶단 말이야! 으앙~!"

피피가 포르르 날아와 물었어요.

"병만아, 왜 울어?"

병만이는 학교에서 있었던 일을 피피에게 모두 들려주었어요. 그러자 피피가 픽 웃으며 말했어요.

"간단하네. 운동해서 살을 빼면 되잖아!"

병만이는 피피의 말을 듣고 가만히 생각해 보았어요.

"맞아. 의사 선생님이 주신 처방전에도 운동을 하라는 말이 써 있었어. 왜 그 동안 운동할 생각을 하지 못했지?"

병만이는 그 자리에서 다시 결심했어요.

"좋아! 까짓것, 운동해서 살을 빼면 될 거 아냐!"

피피가 날개를 파닥이며 박수를 쳤어요.

"잘 생각했어! 뚱만이, 파이팅!"

병만이는 처방전 위에
이렇게 써붙였어요.

오병만, 살 빼고
놀이공원 간다! 아자! 아자!

그날부터 병만이는 운동을 하기 시작했어요.
먼저 줄넘기를 하고, 팔굽혀펴기를 했어요.
다음에는
윗몸일으키기를 하고,
물구나무서기를 했어요.
땀이 줄줄 흘렀어요.

학교로 가서 철봉
매달리기를 하고,
턱걸이를 했어요.

나중에는 운동장도 몇 바퀴 달렸어요.
"아, 힘들어! 이러다 또 쓰러지는 거 아닐까?"
땀이 비 오듯 흘렀어요.
그래도 꾹 참고 집에 와서 훌라후프를 3천 번쯤 돌렸어요.

며칠 동안 열심히 운동을 했지만 살은 별로 빠지지 않았어요.
"도대체 어떻게 된 거지?"
병만이는 출렁거리는 뱃살을 내려다 보며 울상을 지었어요.
그러자 피피가 말했어요.
"몇 년 동안 찐 살인데 하루아침에 빠지겠니? 더 해! 더 열심히 운동해!"
"알았어. 하면 될 거 아냐!"
병만이는 아령을 들고 다시 운동을 시작했어요.
"하나 둘, 하나 둘!"
이번에는 역기를 들고 운동을 했어요.
역기를 번쩍 들자 피피가 감동한 목소리로 외쳤어요.
"와우! 뚱만이, 올림픽에 나가도 되겠다!"

피피의 말에 기분이 으쓱해진 병만이는 히히 웃었어요.
그 순간, 들고 있던 역기가 뒤로 벌렁 넘어갔어요. 병만이는
역기와 함께 와당탕 쓰러지고 말았어요.
"어휴, 창피해."
병만이는 얼굴이 빨개졌어요. 그런데 피피는 뭐가
좋은지 병만이를 보고 자꾸만 킥킥 웃어댔어요.

병만이는 하루도 쉬지 않고 운동을 했어요.

먹는 것도 많이 줄였어요. 아무리 먹고 싶어도 꾹 참고,

또 꾹 참았어요. 하지만 살은 잘 빠지지 않았어요.

특히 뱃살과 엉덩이 살이 잘 빠지지 않았어요.

학교 가는 길에 친구들이 병만이를 보고 물었어요.

"병만아, 너 어디 아프니?"

"왜 그렇게 힘이 없어 보이니?"

아닌 게 아니라 병만이는 정말로 비실비실 걷고 있었어요.

별로 먹은 것도 없이 운동만 너무 심하게 하다 보니

기운이 하나도 없었어요.

"나도 몰라. 그냥 배가…… 고프다."

병만이는 그렇게 대답하고 터덜터덜 걸어 학교로 갔어요.

소풍 삼 일 전.

병만이는 마당에서 줄넘기를 하고 있었어요. 밥을 아주 조금만 먹고 줄넘기를 하다 보니 갑자기 하늘이 노래졌어요. 노란 하늘에 별이 총총 뜬 것 같았어요.

어느 순간, 병만이는 마당에 푹 쓰러졌어요.

피피가 "너 왜 거기서 자니?" 하고 묻는 소리가 아련히 들려왔어요.

병만이가 눈을 떠 보니 또 병원이었어요.

의사 선생님이 말했어요.

"너희 엄마한테 다 들었다. 잘 먹지도 않고 날마다 심하게 운동만 한다며?"

병만이는 가만히 고개를 끄덕였어요.

"이 미련한 녀석아! 남들 먹는 만큼 적당히 먹고, 운동도 적당히 해야지. 그렇게 무리하면 어떡해? 자, 결정해라. 왕주사를 한 대 맞을래? 아니면 앞으로 적당히 먹고, 적당히 운동할래?"

병만이는 재빨리 대답했어요.

"적당히 먹고, 적당히 운동할래요."

병만이는 이틀 만에 퇴원했어요. 집에 와서도 침대에 가만히 누워 있었어요.

"내일이 소풍인데, 이러다가 소풍 못 가는 거 아닐까?"

병만이는 걱정이 되어 자리에서 벌떡 일어났어요.

그때 피피가 날아와 말했어요.

"너희 반 아이들이 걱정하고 있더라. 병만이가 안 오면 이번 소풍 완전 재미없을 거라고 툴툴거리고 있어. 오락부장 병만이가 없는 소풍은 최악일 거래."

"누가 그래?"

"너희 반 친구들이 다 그래. 그리고 담임 선생님은 장기자랑 대회에 나갈 사람이 없다고 한숨만 푹푹 내쉬고 계셔."

그 말을 듣자 병만이는 마치 몸에 새로운 에너지라도 생긴 듯 힘이 불끈 솟았어요.

"담임 선생님과 친구들이 그렇게 말했다 이거지? 좋아. 그렇다면 나도 간다. 무조건!"

드디어 소풍 가는 날.

1학년 3반 아이들이 운동장에 모여서 떠들고 있었어요.

"뭐야? 병만이 정말 안 온 거야?"

"오락부장, 정말 안 왔어?"

"에이, 꼭 와야 하는데……."

3반 아이들은 혹시 병만이가 늦게라도 오지 않을까 자꾸 교문 쪽을 돌아보았어요. 하지만 버스가 출발할 때까지 병만이는 정말로 오지 않았어요.

버스는 아이들을 싣고 놀이공원을 향해 쌩쌩 달렸어요.

아이들이 놀이공원에 도착하고 얼마쯤 지났을 때, 자동차 한 대가 달려왔어요. 그 안에서 누군가 내렸어요.

"병만이다! 오락부장 병만이가 왔다!"

1학년 3반 아이들이 환호성을 질렀어요.

드디어 병만이가 엄마 차를 타고 놀이공원에 도착한 거예요.

병만이가 아이들에게 다가가자 한 친구가 물었어요.

"왜 며칠간 학교에 안 왔니? 무슨 일 있었어?"

병만이가 씩 웃으며 대답했어요.

"살 좀 빼려고 심하게 운동했더니 오히려 병이 나더라. 그래서 병원에 있었어."

친구들이 저마다 한마디씩 했어요.

"뚱뚱하면 뭐 어때."

"맞아. 난 뚱뚱해도 병만이가 좋아. 정말이야."

담임 선생님도 병만이를 꼭 안아 주며 말했어요.

"선생님도 병만이가 좋다. 선생님도 어렸을 때 너처럼 뚱뚱했거든. 정말이야."

선생님의 말에 아이들이 와하하 웃음을 터뜨렸어요.

선생님과 친구들이 다들 반겨 주자 병만이는
기분이 붕 뜬 것 같았어요.
병만이는 친구들과 청룡열차와 바이킹을 타러 갔어요.
"와우!"
청룡열차와 바이킹은 정말 스릴 만점이었어요.
가슴이 철렁 내려앉을 정도로요.
다음에는 회전목마를 탔어요. 또 그 다음에는
유령동굴에도 갔고, 박치기 자동차도 탔어요.
개구쟁이 열차도 탔고요.
점심을 먹고 나서 오후에는 1학년 전체가 모여
장기자랑을 했어요.
과연 어떻게 되었을까요?
짜짠! 놀라지 마세요.
병만이가 3반 대표로 나가 노래를 부르며 춤을 췄는데,
놀랍게도 1등을 했어요.
병만이도 놀랐어요. 1등까지는 생각하지도 않았거든요.
"병만이 최고! 병만이 만세!"
친구들이 엄지손가락을 치켜들고 신나게
소리를 질러댔어요.

정말 즐거운 하루였어요.

집으로 돌아온 병만이는 가만히 앉아 선생님과 친구들이 해 준 말을 떠올렸어요.

'뚱뚱하면 뭐 어때.'

'맞아. 난 뚱뚱해도 병만이가 좋아. 정말이야.'

'선생님도 병만이가 좋다. 선생님도 어렸을 때 너처럼 뚱뚱했거든. 정말이야.'

병만이는 히죽 웃었어요. 선생님도, 또 친구들도 참 고마웠어요.

하지만 병만이는, 어쨌든 살을 빼기로 마음먹었어요. 적당히 먹고, 적당히 운동하면서 말이에요. 살을 빼면 분명히 더 건강하고, 더 멋있어질 거예요.

그때 갑자기 피피가 소리쳤어요.

"뚱만아, 너만 놀이공원 갔지? 나도 데려가지! 뚱만이는 먹보! 뚱만이는 뚱보!"

병만이는 화도 안 내고 피피를 바라보며 또박또박 말했어요.

"그래. 지금은 네 말처럼 뚱보지만 앞으로는 정말 달라질 거야. 두고 보라고!"

정말 병만이가 살을 잘 뺄 수 있을까요?

한 번 더 생각하기

병만이는 노래도 잘하고 춤도 잘 춰서 인기가 많지만 남들보다 좀 뚱뚱한 몸을 가지고 있어요. 친구들은 병만이를 좋아하지만 가끔은 뚱뚱하다고 놀리기도 해요. 이젠 병만이도 살을 빼서 날씬해지고 싶어요. 어떻게 하면 건강하고 날씬한 어린이가 될 수 있을지 생각해 보세요.

1. 병만이는 왜 지금처럼 뚱뚱해진 걸까요?

> 도움글
> ···· 너무 많이 먹었기 때문이에요. 병만이의 하루 일과를 보면 하루 동안 얼마나 많이 먹는지 알 수 있어요. 아침을 산더미처럼 먹고 점심은 무려 7단이나 되는 도시락을 먹어요. 또 저녁은 피자, 치킨, 라면 등 살 찌기 쉬운 기름진 음식들을 먹지요. 게다가 간식도 어마어마하게 먹는군요. 우리 몸에서 다 쓰이지 못하고 남은 음식은 지방으로 변해 쌓이게 되는데 이것이 비만의 원인이에요.

2. 병만이는 왜 달리기를 하다가 쓰러졌나요?

> 도움글
> ···· 아침을 급하게 먹고 뚱뚱한 몸으로 갑자기 뛰었기 때문이에요. 살이 찌면 여러 가지 질병에 걸릴 수 있어요. 병만이처럼 쓰러질 수도 있고요. 비만은 정말 무서운 병이에요.

3. 친구들이 병만이를 뚱뚱하다고 놀렸을 때 병만이의 마음은 어땠을까요?

> 도움글
>
> 아마 너무 속상하고 화가 났을 거예요. 놀리는 사람은 재미있겠지만 놀림을 받는 사람은 마음에 큰 상처를 입거든요. 특히 뚱뚱한 것처럼 겉모습을 가지고 놀리는 것은 매우 예의 없는 행동이에요. 친구를 놀리고 싶은 나쁜 마음이 들 때는 잠시 멈추고 놀림 받을 친구의 마음이 되어 생각해 보세요.

4. 병만이는 왜 줄넘기를 하다가 쓰러졌나요?

> 도움글
>
> 병만이는 소풍가기 전에 살을 빼기로 결심하고 무리하게 살을 빼려다가 탈이 났어요. 오랜 기간 동안 조금씩 살을 빼고, 줄어든 몸무게를 계속 유지하는 것이 매우 중요해요.

5. 살을 빼려면 어떻게 해야 하나요?

> 도움글
>
> 적게 먹고 많이 움직여야 해요. 그래야 몸속에 들어온 음식들이 몸을 움직이는 데 모두 쓰여서 지방으로 쌓이지 않으니까요. 우선 생활 습관부터 규칙적으로 바꿔야 해요. 하루 세 끼 적당한 양으로 식사를 하는 게 좋아요. 또 아침은 꼭 챙겨먹어야 오후에 많이 먹는 것을 막을 수 있답니다.

규칙적으로 먹고, 적당하게 먹기!

선생님이 알려주는 일급비밀

건강하고 날씬한 아이 되기

피 자, 햄버거, 치킨, 과자…… 여러분이 제일 좋아하는 음식들이죠? 그런데 이런 기름진 음식과 단 음식을 많이 먹게 되면 뚱뚱해지기 쉬워요. 특히 요즘 어린이들은 밖에 나가 놀기보다는 집에서 텔레비전을 보거나 컴퓨터를 하고 놀기 때문에 몸을 많이 움직이지 않아요. 많이 먹고 몸을 움직이지 않으면 살이 찌는데, 이것을 '비만'이라고 한답니다.

비 만한 어린이는 여러 가지 질병에 걸리기 쉬워요. 고혈압, 당뇨병, 고지혈증, 동맥경화 등의 질병은 어른들만 걸리는 병이라고 생각하기 쉽지만 비만한 어린이들도 이런 병에 걸릴 수 있어요.
또한 비만한 어린이들은 어른이 되어서도 비만한 어른이 되기 쉽다고 해요. 그래서 어린 시절에 몸무게를 적당하게 만드는 것이 중요하지요.

비 만한 어린이들이 학교에 가면 뚱뚱하다고 친구들에게 놀림을 받을 수 있어요. 그러면 마음이 괴롭고 자신감이 없어져서 성격이 소극적으로 변하기도 해요.

그러면 살이 찌는 나쁜 습관에는 어떤 것이 있는지 살펴볼까요?
'군것질을 많이 해요. 밥 먹는 양이 어른과 같거나 더 많이 먹어요. 운동하는 걸 싫어해요. 집에 있을 때는 항상 누워 있어요. 청량음료, 아이스크림을 자주 먹어요. 고기를 좋아하고 야채를 싫어하지요. 식사시간도 일정하지 않아요. 아침밥을 자주 걸러요.'

살을 빼려면 위와 같은 습관들을 고쳐야 해요. 군것질은 줄이고 하루 세 끼 적당히 규칙적으로 먹어야 해요. 특히 아침을 꼭 먹어야 군것질을 줄일 수 있고 건강해져요. 고기보다는 채소와 과일을 충분히 먹고 운동을 꾸준히 해야 해요.
하지만 급하게 살을 뺀다고 밥도 안 먹고 운동만 하면 병이 날 수 있어요. 무엇보다 평소에 살이 안 찌는 음식 위주로 적당히 먹고 꾸준히 운동을 하는 것이 중요해요.

여러분도 가족과 함께 실천해 보세요. 가족이 모여 천천히 꼭꼭 씹어 먹으며 즐겁게 식사해요. 운동도 온 가족이 함께하면 더욱 재미있겠죠? 평소 올바른 생활 습관으로 비만을 예방해서 건강하고 날씬한 어린이가 되세요.